말이 퍼올리는 말

박하리 시인은 2012년 ≪리토피아≫로 등단했으며, 전국계간지작품상을 수상했다. 계간 리토피아의 편집장을 맡고 있으며 막비시동인으로 활동하고 있다.

이메일 tosinkr@naver.com

리토피아포에지 · 67
말이 퍼올리는 말

인쇄 2017. 8. 20 발행 2017. 8. 25
지은이 박하리 펴낸이 정기옥
펴낸곳 리토피아
출판등록 2006. 6. 15. 제2006-12호
주소 402-814 인천 남구 경인로 77
전화 032-883-5356 전송032-891-5356
홈페이지 www.litopia21.com 전자우편 litopia@hanmail.net

ISBN-978-89-6412-088-0 03810

값 10,000

이 도서의 국립중앙도서관 출판예정도서목록(CIP)은 서지정보유통지원시스템 홈페이지(http://seoji.nl.go.kr)와 국가자료공동목록시스템(http://www.nl.go.kr/kolisnet)에서 이용하실 수 있습니다.(CIP제어번호: CIP2017018841)

※본 사업은 인천광역시, (재)인천문화재단, 한국문화예술위원회 지역협력형사업으로 선정되어 발간하였습니다.

박하리 시집

말이 퍼올리는 말

리토피아
LITERATURE & UTOPIA

시인의 말

그 어느 날,
그 하루,
바로 오늘.

살아 있어 고맙다
풀씨 하나 호로록 날아와
꽃이 핀다

2017년 여름
박하리

차례

제2부 아나파병원

제3부 쑥덕쑥덕

제4부 낮술

| 제1부 |

서검도

서검도

논둑길에 천 년의 눈꽃이 피었다. 한겨울 꽁꽁 얼었던 얼음장이 깨어지고 뒤엉켜 바다로 흘러든다. 밀고 밀리며 떠내려온 얼음이 섬 둘레를 가득 메운다. 어디에서 흘러온 얼음인지 알 수가 없다. 겨울의 시작은 섬을 건너 건너 또 건너에서 시작되었을 것이다. 바다가 온통 폐허다. 외줄에 묶여 있는 여객선은 얼음 위에 앉아 있다. 육지로 향하는 발들이 선착장에 묶여 있는 동안에도 얼음은 끊임없이 섬으로 밀려든다. 선창가의 보따리들이 얼음 밑으로 가라앉는다. 얼음이 힘 빠진 여객선을 바다로 밀어낸다. 얼음이 잠자는 섬을 먼 바다로 끌고 간다. 바다는 사납게 울고 얼음덩어리들은 춤을 추어도 섬은 잠에서 깨어나지 않는다. 겨울을 지키려는 바람이 아직도 바다를 휩쓴다. 발길 돌리는 논둑길에 천 년의 눈꽃이 피어있다.

서검도

—북방한계선

선을 그어 바다를 갈라놓았다
쓸리고 밀리어 떠내려 온 조개들,
오고가는 숭어 떼들 국적이 따로 없다.

하늘은 구름이 갈라놓았다
새들에게는 갈라진 하늘은 보이지 않는다
수없이 오고가는 하늘이다 새들도 국적이 없다

땅에도 선을 그어 갈라놓았다
살금살금 옮겨다니는 쥐들, 스르르 선을 넘나드는 뱀들
개미들은 선을 넘나들고 집도 짓는다
온통 내 땅이다

풀씨 하나 바람에 몸을 싣고 선을 넘는다.
국적이 바뀐다.

갯벌

짱뚱어가 고개를 들고, 툭 튀어나온 눈이 갯벌을 사냥한다.
한 발짝 내디딜 때마다 달아나는 게들은 물거품이다.
갯벌의 두둑한 둔부는 게들의 집이다.
조개들의 안식처이고 낙지들에게는 피난처이다.
손바닥만 한 백합조개는 속살을 뽀얗게 내보이고 있다.
갯지렁이가 속도를 내어 지나간다.

보드라운 갯벌이 발가락 사이로 속살을 내어준다.
하루에 두 번은 들고 나는 갯벌의 속살,
다주고도 모자라는 어미의 가슴이다.
짱뚱어의 날갯짓에 뻘 위 고동에서 소리가 난다.
단단한 껍질 속 소라는 짝짓기에 세월 가는 줄 모른다.
짱둥어는 눈을 감아준다.
갯벌의 끝은 섬이고 바다이다.

길 위에 널린 말들

말들이 집을 짓고 길을 만든다.
말들이 나무를 심고 새를 키운다.
말들은 토담이 되고 토담 속 동화가 되고 동화 속 별이 된다.

혀끝에 뱅뱅 돌아 나오는 말들은 구름이 되어 비를 내리기도 한다.
혀끝을 바람처럼 벗어난 말들은 낙엽 되어 구르다가 사라지기도 한다.

말들은 귓볼을 스쳐가는 바람이다.
잔잔한 술잔 속의 태풍이다.
말들은 토담 속의 아름다운 꿈이다.
고요한 꿈속의 한바탕 회오리다.

말들이 흔들린다.
사람들이 흔들린다.

풀잎처럼 세상이 흔들린다.

쏟아져 나오는 말들이 흔들리다가 휘돌다가 꽃잎처럼 밟혀 사라진다.

우물과 두레박

깊은 밤 우물 안은 아우성이다.
유유히 헤엄치던 개구리 꾹꾹 울고,
우물 안을 들락거리는 도깨비들은 동아줄을 타고 오른다.
작년 여름 빠졌던 고무신이 둥둥 뜬다.

밤새 시끄럽던 우물은 고요해지고
툭 떨어지는 두레박 소리는 개구리들을 깨운다.
두레박 속으로 물속의 알 수 없는 깊이가 들어온다.
두레박이 출렁거린다.
우물 속 세상소리가 두레박에 걸린다.
그녀의 얼굴과 구름의 그림자가 우물 속을 출렁거린다.
두레박에 그녀가 걸린다.
이리저리 휘젓는 두레박줄이 팽팽해진다.

우물 속 세상이 끌려나온다.
우물 밖 세상이 와글와글하다.

소래시장

갯골 희뿌연 안개가 물살 가르는 배를 삼킨다.
삼켜도 소화 되지 않는 힘차게 차오르는 몸사래.

낯선 얼굴과 손가락들이 낯익은 춤을 출 때마다
꼬리를 비튼다. 차가운 수조 안으로 온몸이 빨려 들어간다.

먼저 자리 차지한 강력한 저항에 뼈마디가 시큰거린다.
목젖까지 드러나는 좌판 여자의 붉은 입술에 경련이 인다.

속절없이 튀어오를 때마다 사정없이 쥐어 박히고,
무참히 가라앉으며 젖 먹던 힘 다해 꼬리를 비튼다.

고추장 냄새가 지독하다.
꾸물꾸물 사람들의 눈동자가 벌게진다.

월미도

안개가 잔잔하게 일렁이는 파도 끝으로 간다.
흐느적흐느적 뱃머리를 끌고 달을 향해 간다.
끝이 없는 옷자락을 끌고 파도에 미끄러지며 고백한다.
달은 차가운 바다 속으로 유유히 사라진다.
안개는 낚싯대를 길게 드리운 채 다시 달을 기다린다.

마침내 달이 안개의 미끼를 물었다.
낚싯줄에 매달린 달은 마치 저녁 나들이다.
통통한 달의 뱃속에는 수많은 새끼달이 살고 있다.
온 바다를 물 반 달 반으로 채울 기세다.
용왕의 딸이다. 바다가 온통 달로 채워진다.

바다로 가는 섬

별이 물을 먹어 깜빡거린다.
달을 감싸안은 달무리 눈동자가 흐리다.
바람과 노을은 바다의 가슴을 출렁이게 한다.
어부는 배를 감춘다.

안개 걷힌 바다가 물비늘을 일으키고 있다.
섬의 바다는 넘실거리는 파도에 흔들린다.
어부의 노가 멀어져 가는 섬을 바라본다.
수건을 흔들고 있는 아낙네 몸짓이 구름에 가린다.

그물에 걸린 숭어가 그물코를 뜯는다.
그물을 끌어 올린다.
만선이다.

주름진 어부의 얼굴이 그을린 태양이다.
어부는 바다로 가는 섬이다.

그가 아닌 그,

그가 아니다.
그는 새벽을 열고 있다.
어제의 내일인 오늘의 새벽은 푸르다.
밤새 창문 밖을 서성이던 달도 푸른 빛이다.
그가 아닌 그의 낯빛도 푸르다.

열심히 자리를 보전하는 그가 아닌 그와,
매일 사표를 던지려고 하는 그가 아닌 그와,
의욕이 넘치는 그가 아닌 그와,
물 먹은 솜과 같은 몸을 가진 그가 아닌 그와,
넓은 아량의 미소를 가진 그가 아닌 그와,
시기와 질투로 뭉쳐진 그가 아닌 그,

그와 그가 아닌 그는 매일 싸우기도 하고 협상하기도 한다.
그가 아닌 그는 그의 수호신이고, 도깨비이고, 유령이다.
그가 아닌 그는 없기도 하고, 같은 옷 다른 얼굴이기도 하다.

바다 그리고 바람

바다는 늘 오라고 바람에게 전한다.
바람은 그녀에게 바다로 가자고 한다.

열 일 제치고 달려간 바다는 넘실넘실 어머니 치맛자락이다.
어머니의 따듯한 손끝으로 만져진 바다는 조용하다.
바다 건너에 있는 섬은 바람의 어머니이다.

바람 따라 바다로 달려간 바다의 끝은 섬이라 했다.

그을린 섬의 얼굴, 툭툭 붉어진 손마디, 젖은 손끝이 닿을까 봐 옷에 쓱쓱 문지르고 내민 손이 따듯하다. 바닷바람은 비릿한 짠내로 다가와 달콤한 향기로 바뀐다.

바람 타고 간 섬, 섬의 바람, 봄이다.

붉은 입술

일단 정지, 이리 와 보세요, 언니 오빠, 마른 침이 넘어가고, 숨이 넘어가고 허리도 넘어간다. 아직 개시도 못했어, 이리 와 봐요. 퍼덕이는 광어를 바가지로 툭툭 친다. 물번개가 번쩍 한다. 이거 한 마리에 우럭 두 마리, 그리고 개불은 서비스. 성질 센 우럭 한 마리가 튀어 나와 시장 바닥에 나뒹군다. 하얀 배를 드러낸 넙치와 물메기까지 바가지 속에 담긴다. 아가미를 들썩이던 숭어가 숨을 고른다. 이거 다 하고 우럭 한 마리 더. 연달아 터지는 물번개 피하며 돌아서는 등에 그녀마저 등 돌린다. 돌아보고 웬만하면 다시 오슈. 어느새 마른 입술에 립스틱 덧바른다. 비릿한 어시장 골목에 붉은 꽃이 핀다.

해장국

빗방울이 후두둑 떨어지고, 떡이 된 먼지가 범퍼 위에 수북합니다. 밤새 쓰렸던 뱃속이 다시 뒤집어지고, 습관처럼 꼬이는 속을 꾸욱 누르며 핸드폰을 꺼냅니다. 아버님, 해장국 드실래요. 일도 안 되는데, 외식은 머 하러 하냐. 한 술 더 뜬 열꽃이 핍니다. 해장국 안 먹는다고 일이 생기나요. 모시러 갈게요. 이른 아침 해장국집 앞이 장사진입니다. 밤새 속 쓰린 사람들이니 바라보는 눈도 애틋합니다. 해장국 뚝배기 위로 살점이 두둑한 뼈와 국물이 넘칩니다. 우거지가 산처럼 쌓여있습니다. 말 좀 하면서 드시지, 딸아이 말입니다. 질긴 우거지가 입안에서 버팁니다. 목을 넘어가다가 멈칫거립니다. 아버지가 한 말씀 하십니다. 잘 먹었다. 햇살이 창문을 뚫고 쏟아져 들어옵니다.

늙은 고양이

지저분한 건물 사이를 어슬렁거리다가 쓰레기통 앞에서 발을 멈춘다. 골목을 휘돌아오는 바람에 등 떠밀려 내딛은 발끝이 물컹하다. 땅바닥에 닿을 듯한 배는 많이 먹어서가 아니다. 비틀거리는 사지에서도 날렵함은 살아있다. 발톱을 들어 슬쩍 봉투를 건드린다. 자존심은 허기 속으로 숨었다. 숨겨놓은 발톱은 다 닳아빠진 갈퀴로 변해버렸다. 코를 바짝 대고 냄새를 맡는다.

짝 없이 혼자 살더니 사라졌다. 말도 없이 나가서 돌아오지 않는다. 돌아올 것 같지 않다. 겨울로 들어가는 골목길에 냄새뿐인 쓰레기통 앞이 늙은 고양이의 집이다. 바람이 골목 끝에서 바라보고 있다.

잃어버린 맛

맛을 찾아 길을 떠난다. 보이지 않는 외길이다.

낮에는 새가 되고, 꽃이 되고, 밤이면 도둑고양이가 되고, 박쥐가 된다.

꿀 바른 맛에는 가볍게 미끄러지고, 신맛에는 움찔움찔 짜릿함을 느낀다.

달콤한 맛에는 길게 빠져 한세월 보냈던 기억이 새록새록하다. 달콤한 칼이다.

오랜 세월 무뎌진 혀끝에 쌓인 세월은 혓바늘이다.

이 맛 저 맛이 모두 쓴 맛이다. 단 맛이다.

맛 없는 맛도 그냥 맛이 된다.

잃어버린 맛을 찾아 길을 떠나지만 맛은 이미 세상을 떠났다.

대해와 통해

바람이 불기도 전에 누워버리는 상황에 대해,

먹물로 도배하는 상황에 대해,
오물로 도배하는 상황에 대해,

자신만 깨끗하다고 억지를 부리는 상황에 대해,
다른 사람은 깨끗하지 않다고 주장하는 상황에 대해,

나와 생각이 다르다고 해서,
나와 생각이 같다고 해서,

나이어야만 다 된다는 생각에 대해,
남은 절대로 안 된다는 생각에 대해,
뭐 그렇게까지 해야 하는가라는 생각에 대해,

나는 행복합니다라고 주장하는 상황에 대해,
하루하루 발버둥 치면서 살아가는 사람들에 대해,

누구도 이 상황에 대해
뭐라 말할 수 없다는 생각에 대해,
사람의 길이 되어야 하는 상황에 대해,

맥없는 나는 어쩌지도 못한다는 생각을 통해.

맙소사寺

소식小食을 해요.
혼밥을 즐겨 하지요.
배는 빵빵하고 더부룩했어요.

일을 하긴 했어요.
들은 말을 전하기도 했어요.
지켜지지 않으면 생각이 가출했어요.

출근하지 않아도 머리는 만져야 해요.
그래야 출근한 것 같다고 해요.
머리를 만지지 않은 날은 머리가 사라져요.

저는 몰라요. 아무것도 몰라요. 기억나지 않아요.
나는요 나예요, 나라니까요, 모르시나 봐요.
저는 공주예요.
거울 앞에서 중얼거리는 그녀의 얼굴은 그녀가 아니다.
맙소사.

변형 거미

바람 부는 날 태양이 넘어가고 거미는 집을 짓는다.
그를 감싸고 있는 보송한 허물을 벗고
매일 밤 쏟아져 나오는 사람들 사이로 들어간다.
네온사인 빛이 흔들리면 흐느적거리고
무리 지어 씩씩하게 횡단보도를 건너기도 한다.
달려드는 자동차의 강렬한 불빛에 눈을 감는다.
감으며 걷는다. 사람들의 목소리를 따라 걷는다.
걸으며 짓는다.
등 뒤 따라오는 사람들의 목소리에 발을 맞추기도 하며,
집을 짓는다. 사람들이 한꺼번에 사라진다.
콩콩거리며 되돌아간 거리에도 사람은 없다.
꿈틀거리던 근육에 통증이 온다.

집에 빠진다.
거미줄에 걸려 퍼덕인다. 퍼덕이면서 친친 얽는다.
모두가 사라진다. 모든 것이 사라진다.

섬, 그리고 바다

출렁거리며 들어오는 바다의 춤은 간절함이다
집어삼킬 듯 다가오는 바다에게 섬은 꽃이다

툭툭 털어지는 살비듬은 세월의 양식이고,
무수한 꽃들의 반란이고, 꽃들의 속삭임이다.

젖 먹던 힘까지 끌어내어 가두려는
바다는 배밀이를 멈추지 않고 끝없이 떠난다.

두 손 모아 담아보려는 바다는
손가락 사이로 술술 빠져나간다.

섬의 바다는 남기는 것을 잊었다.
시간이 멈춘 섬은 미륵이 된다.

바다는 배밀이로 슬금슬금 밀고 들어와
섬을 철석철석 때린다.

| 제2부 |

아나파병원

아나파병원

간호원의 코맹맹이 목소리가 간지럽습니다. 앞 선 얼굴이 뒤 선 얼굴을 기억하기도 합니다. 환자들은 병원문이 열리기 전에 길게 늘어서서 번호표를 기다립니다. 병원문이 열리면 사람들은 온데간데없습니다. 고요합니다.

간호원은 손톱 정리에 열심이고, 병원장은 티브이 속 개그맨의 장난에 킬킬거립니다. 병원문이 활짝 열리면 짜장 시키셨죠, 철가방이 들어섭니다. 젓가락을 들고 몇 번 휘저어 비벼진 면발을 후루룩 삼킵니다. 문 밖으로 내어놓은 자장면 그릇에 마른 낙엽이 떨어집니다.

먼지 내려앉는 소리를 자장가 삼아 간호원은 이내 졸고 있습니다. 이따금 병원장의 이빨 가는 소리가 들립니다. 따르릉 전화가 옵니다. 안아파병원입니당. 티켓팅은 아침에만 합니당. 티켓팅만 하면 아픔이 사라집니당.

슈퍼맨

슈퍼맨마트에 가서 슈퍼맨 망토를 산다. 좋은일있Shoe에서 신발을 사고 총각갯벌집에 가 뻘낙지를 먹는다. 금방땃슈에 가 사과를 사고 운수대통 복권방에 가 로또와 연금복권을 산다. 바람난어미닭집에서 후라이드치킨과 양념통닭을 사고 춤추는마이크에 가 신나게 노래도 부른다. 저8계콧9멍에 가 곱창을 굽고 술도 마신다. 통큰낙지집에 가 연포탕을 먹고 공룡고기집에 가 한우를 찾는다. 집나간며느리컴백에서 전어를 굽는다. 슈퍼맨이 미래적 일상을 펼쳐놓는 시간에 안간힘을 쓰던 곧망할집에는 점포임대라는 안내장이 붙는다. 파격할인 통큰할인 폭탄세일이 커다란 글씨로 박힌 현수막이 거꾸로 매달린다.

대박의 꿈

재래식 변소가 뒤집혔습니다. 부글부글 끓더니 마당을 덮었습니다. 엎어지고 뒤집어져 온 마당이 향기로운 꽃밭입니다.

복권구매시간 놓칠까봐 뛰어갑니다. 꼬깃꼬깃 적어간 번호 꺼내어 쓱쓱 줄을 그을 시간도 없습니다. 집을 사고, 공장을 사고, 땅을 사고, 화장실도 삽니다.

복권발매기의 잉크는 마르지 않습니다. 마당에 퍼질러진 향기도 그대로입니다. 복권발매기 앞에 기다란 줄이 꽃뱀 흉내를 냅니다.

혀가 바짝바짝 말라갑니다. 자동이요, 자동이요, 자동이요, 복권발매기도 자동이고, 재래식 변소도 자동입니다. 이리 뛰고 저리 뛰는 나도 자동입니다.

쉰 나이의 아침

모닝콜이 요란하게 울린다. 눈도 뜨지 않고 팔을 뻗어 모닝콜을 잠재운다. 일을 하지 않고 살 수 있는 방법을 생각해 본다. 먹지 않고 살 수 있는 방법을 생각해 본다. 입지 않고 살 수 있는 방법을 생각해 본다. 출근시간이 코앞이다. 가슴이 뛴다.

정신없이 감은 머리칼이 말을 잘 듣지 않는다. 지난 가을에 빼낸 점은 뿌리가 살아나 다시 도드라진다. 눈꺼풀도 내려앉았다. 눈 밑 지방도 내려앉는다. 볼살도 내려 앉아 팔자주름이 깊어진다. 턱살도 늘어져 금복주 형상이다. 화가 난다. 가슴이 뛴다.

드라이를 꺼내 머리를 매만진다. 도드라진 점에 컨실러 도장을 찍는다. 눈꺼풀 위에 샤도우를 바르고, 아이크림을 쿡 찍어 뱅글뱅글 돌려본다. 입에 가득 바람을 넣어본다. 팔자주름이 펴질 것 같기도 하다. 늘어진 살들을 위로 댕겨본다. 어림없다. 주저앉는다. 다시 가슴이 뛴다.

아이우에오, 아이우에오.

메마른 덩굴손

건물 밖을 서성이는 검은 그림자 건물 안으로 들어온다.
의자와 한 몸이 된 노인의 한숨소리가 창과 창 사이로 들어가 벽이 된다.
저승으로 가는 배는 노잣돈을 입에 문 사람만 탈 수 있다.
주머니를 뒤적거리는 노인, 손에 먼지만 한 주먹이다.
거실에 떠들고 있는 티비가 노인에게 말을 건다.
웬 한숨이요.
노잣돈 500원만 있으면 내가 배를 탈 수 있소.
물끄러미 보고 있던 티비, 걱정 마시오 내가 만들어 주겠소.
노인은 절레절레 고개를 젓는다.
내년 봄꽃 피면 노잣돈을 마련할 거요.
그러니 그때 가서 보시구랴.
작년에도 그러셨는데,
노인은 안 들린다고 투덜거린다.
노인의 귀는 붕대로 감겨져 있다.

창문 사이에 하얀 꽃이 피었다.

물기 없는 노인의 손을 어루만진다.
꽃피는 봄은 기억에서 사라졌다.
겨울이 오고 있다.

통돼지 날다

널빤지에 털썩 누워있는 통돼지 토실토실한 엉덩이를 뒤로하고 누워있다. 장구소리가 쿵더쿵 쿵더덕쿵 리듬을 타고 꽹과리 찌렁찌렁하게 울리면, 숨차게 뛰어 오르다 멈춰 숨을 고른다. 통돼지 뭉툭한 이빨 들어내고 콧구멍 치켜세운다. 꼬깃꼬깃한 만 원짜리 서너 장 콧구멍에 끼운다. 누가 보거나 말거나 급한 것은 내 사정이다.

올해에는 살림이 나아질까요.
아이는 공무원시험을 보려는 데요 될까요.
두 손을 싹싹 비빈다.
예, 예, 당연하신 말씀. 그렇게 되고 말고요.

대답이야 하거나 말거나 듣는 것은 내 맘이다.
떡시루 연기는 모락모락 피어오르고,
제사상의 통돼지는 황제가 따로 없다. 날아라.

황색등

빨간 신호등이 켜지자 뜀박질하며 건넌다.
파란 신호등이 켜지자 멈춘다.
숨을 헐떡거린다.
몸 안 가득 녹물이 흐르고 부동액을 울컥울컥 내뱉는다.
그렁그렁하던 보닛에서 연기가 구름을 만들고
굵고 가는 호스에 가래가 끓어오른다.
끄르릉끄르릉, 더 이상 갈 수 없다는 항변이다.
십 년의 고개 훌쩍 넘어 여기저기 성한 곳 있을 턱 없다.
드드득드드득, 관절이 어긋났다가 다시 맞춰지는 소리,
색색거리며 가쁜 숨을 몰아쉰다.
시동을 건다. 투투투투투투, 가파른 내리막길이다.
더그덕 더그덕,

저절로 굴러간다.

거울 속의 그 남자

초원의 밤은 처절하다.
거울 속의 그 남자 왕이 되었다.
그가 휘파람을 불면 하이에나가 온다.
그의 허락 하에 하이에나는 사냥을 시작한다.
거칠 것이 없는 그는 하이에나에게 칼을 물려주었다.
밤이 되면 초원을 샅샅이 헤집고 다닌다.
동물들의 뼈와 살은 포식자의 입으로 들어간다.
하이에나는 초원의 무법자이다.

암사자는 하이에나가 득실대는 곳에 몸이 묶여 있다.
부상당한 암사자를 하이에나 무리가 그냥 놔 둘 일 없다.
목숨을 부지하더라도 머지않아 수명을 다할 운명이다.
이제 더는 사냥에 나설 수 없기 때문이다.

때를 기다리던 암사자 보복을 꿈꾼다.

돌지 않는 기어

사무실에 불을 켜니 놀란 파리 날아간다. 밤새 돌아간 기계의 기어들이 속도를 멈추지 못하고 있다. 여러 개의 회전축이 동시에 빠른 속도로 움직이며 굉음을 내고 있다. 노화된 센서의 오작동으로 정상적인 속도를 감지하는 것을 잊었다. 한 쪽 구석의 또 다른 기계는 이를 가는 소리를 낸다. 뿌드득 뿌드득, 롤러와 롤러를 돌리는 벨트가 힘겨운 목소리를 낸다. 웅웅, 가쁜 숨을 내쉬며 돌아가는 펌프가 숨을 고르니 적정온도를 지나 한없이 올라간다. 천정의 형광등은 부르르, 떨고 컴퓨터는 드르륵 드르륵, 버스 지나가는 소리를 낸다. 기계들은 아우성이다.

전원 스위치를 내린다.
밤새 풀썩였던 먼지가 소리 없이 내려앉는다.
멈추지 못하고 돌아가던 롤러도 휴식한다.
사무실 전원도 꺼주세요.

혀가 꼬인 날

굽이 다 닳아빠진 구두, 구두의 장인 손에 쥐어 준다.
벗으면 속 깊은 곳에서 기다란 혀가 쭉 빠져나온다.
버리슈, 뭘 고치려고? 구두를 새로 사시오.
혀를 끌끌 찬다.
굽만 갈아 끼우면 새로 산 구두와 다를 바 없는 구두다.
남이야 신고 다니든 말든, 전봇대로 이를 쑤시던 말든,
입 밖으로 나온 말을 다시 집어넣기에는 늦었다.

아마 오래 신을 거요.
생고무 덧대어 못으로 쾅쾅 박은 구두 굽,
몇 년은 끄떡없다고 퉁퉁 부어진 입,
바닥창이 쭉 빠진 혀는 들썩인 상태로 돌아왔다.

장인의 손으로 만져진 구두가 발끝을 조여 오고,
뒷다리의 근육은 팽배해지고, 허리 근육은 댕겨 오고,
머리끝이 세워진다.
새신을 신고 뛰어보자, 팔짝.

불금

무거웠던 다리 한 짝 가벼워진다.
무거웠던 머리 반 쪽 가벼워진다

목요일 저녁부터 주신이 내려온다.
금요일 나의 몸신은 올라간다.

하루가 긴 하루살이에게
오늘은 전부이다.

벽 속의 길

길을 걷다 길의 벽을 만난다.
벽 안으로 어스름한 어둠이 들어오고
희뿌연 연기도 바람과 함께 들어온다.
시끌한 말들도 따라 들어온다.
안개 속이다.

퍼덕이는 날갯짓으로
너울너울 벽의 높이를 어름해 본다.
깊이를 감춘 벽은 나타났다가 사라지고,
사라졌던 벽이 발끝으로 길이 된다.
넘어질 벽이기도 하고 넘지 못 할 벽이기도 하다.
등 뒤에 펼쳐진 날개의 깃털 속으로 바람을 모아
푸드득 푸드득, 날갯짓으로 벽을 넘어본다.
길이다.

날개 안으로 태양의 빛은 들어오고,
그 빛은 스멀스멀 피어오르는 안개로,

떠다니는 먼지로 날아간다.

길 위 태양의 빛은
벽을 타고 오르는 꽃향기다.

봄의 혈관

팽팽한 전선이 얽히고설키어 도시로 달려든다. 건물과 건물을 연결시키며 도시를 가로지른다. 거리와 거리를 연결하고 지붕과 지붕을 연결하면서 고층 아파트를 타고 오른다. 지하주차장이 열리고 엘리베이터가 열리고 복도가 열리고 현관이 열린다. 벽들이 속내를 열지 않기 위해 안간힘을 쓴다. 안방문이 열리고 작은 방문이 열리고 화장실문이 열린다. 지하층의 어두운 골방이 열리고 꼭대기층 다락방의 전기요가 열린다. 부엌이 열리고 냄비가 열린다. 스멀스멀 구수한 청국장 냄새가 피어오른다. 아래에서 위로 위에서 아래로 동과 서 남과 북을 이으며 창문을 열고 어둠을 연다. 흔들리는 바람이 쳐들어와 어두운 골목 뿌연 먼지들을 끌어올린다. 가로등이 열리고, 오랜 밤을 견디는 간판 등이 듬성듬성 이 빠진 채로 열린다. 마침내 하늘이 열리면 겨울바람이 어정거리며 골목길을 빠져나간다.

우여곡절迂餘曲寺

검은 봉지의 쌀과 양초, 호주머니 속에서 쌈짓돈을 꺼낸다.
아이고 보살님 오셨어요.
그녀의 호주머니는 풍선이 된다.
순간 보살님은 부처님 되기도 한다.

딸아이 사업이 잘되면 쌀 한 가마니 턱 올려놓을 수 있는데요.
저는 그게 소원입니다 부처님.
부처님이 빙그레 웃더니 고개를 끄덕끄덕 한다.
그녀도 고개를 십년이 넘도록 끄덕끄덕 한다.

십년이 넘게 다닌 암자에 이름 모를 꽃이 핀다.
그녀의 무릎 통증이 내려앉는다.
검은 봉지는 부처님 발 아래 공손하게 놓인다.

그녀는 늘 관세음보살,

생生의 시간

그녀가 살고 있는 우주의 시계가 멈추었다.
먼 길 떠나려 했던 그녀의 시계도 멈추었다.
그녀의 오늘은 오늘이고 내일도 오늘이고 모래도 오늘이다.
이 생의 시간들을 가두고 있는 사람들이
멈춰진 시간 속을 걷는다. 그녀의 발끝에 날개가 돋는다.

주렁주렁 매달린 인연의 수액을 맞고 있는 그녀는
오늘이라는 긴 시간을 두고 입가에 꽃이 핀다.
만나야 할 사람, 만나고 싶은 사람,
봐야 할 사람, 보고 싶은 사람
그녀의 발끝은 분주한 날갯짓이다.

그 하루를 쓰는 그녀에게,
그 어느 날, 그 하루를 기억하려 하는 그녀에게,
멈춘 시간은 오늘이 되었다.

늑대의 리더

그림자가 거친 강물 위에 다리를 놓는다.
울창한 숲도 성큼성큼 건너간다.

벌판을 휘젓는 저승사자다.
오로라가 휘파람 소리를 따라 걷는다.

고통스러운 사냥은 하고 싶지 않았다.
오로지 꿀꺽꿀꺽 넘기고 싶었을 뿐이다.

털끝도 움직이지 않는 긴장감, 어둠이 신호다.
굶주린 무리의 발자국이 바람을 만든다.

맥 빠진 주먹을 다시 불끈 쥐고
잠든 호랑이에게 악수를 청한다.

| 제3부 |

쑥덕쑥덕

양심

양심도서관의 책은 날개가 달렸다.
문자로 흘러다니다 양심이 멈추는 곳으로 갔다.
누구의 책꽂이에 양심을 꽂았나.

양심우산은 어디로 갔을까.
빗물 속으로 들어가 누구의 우산이 되었을까.
누구의 집에 꽂혀 있을 양심은 비 오길 기다리고 있을까.

양심자전거는 어디론가 떠났다.
두 발로 굴러가다 멈춰 구르지 못하는 자전거,
누구의 집 밖에 덩그러니 기대어 있을 양심, 언제 구르나.

양심지팡이는 어디로 갔을까.
등산길에 오르고 내려오는 사람들의 다리가 되었다가,
어디엔가 놓여있을 지팡이는 누구의 다리로 서있을까.

* 지자체에서 시행했던 양심도서관, 양심우산, 양심자전거, 양심지팡이는 돌아오지 않는 관계로 멈춘 사업이다.

골목길에 부는 바람

이차선 도로에서 내려 동네 어귀로 들어서면 차로 접근이 되지 않는 골목이다. 가끔씩 오가는 사람들의 발자국소리에 컹컹 짖어대는 소리가 골목 안을 흔든다. 이리저리로 통하는 골목길 이정표는 없고 바람이 길을 안내한다. 대문앞 돌 틈 사이로 바람에 날려온 풀씨가 꽃을 피우고 돗자리 붉은 고추가 바람에 마른다. 화분에는 파꽃이 피고 한겨울 채워줄 배추 모종이 파릇하다.

서로 같기도 하고 서로 다르기도 한 야릇한 모양의 집들, 건물들이 누르고 겹치고 밀어내기도 하면서 골목은 사라지고 대로 일색이다. 대문을 들어서면 다른 대문이 나오고 그 대문 안으로 들어서면 또 다른 대문이 나온다. 안으로 들어서면 서로 같은 창들과 같은 벽들을 만나고 서로 다른 사람들이 들어가 서로 같은 방에서 일어나고 서로 같은 대문으로 나와 같은 대로로 사라진다. 태양은 더 밝게 빛나고 밤이면 가로등 불빛도 이채롭다.

시끌하던 골목은 땅 속으로 묻혀 버렸다.

말이 말을 퍼올린다

말을 가둔다.
문을 잠그고 이중 삼중의 잠금장치를 걸어둔다.
새어 나간다. 연기를 피우고 새어 나간다.
말은 공기와 함께 섞여 나뒹굴다가
바람을 일으키기도 하며 태풍을 만들기도 한다.
태풍은 비를 만들고 겨울 내내 푸석하게 쌓여있던 덤불,
그리고 내다 버리려했던 말들을 섞어 강으로 흘려보낸다.
태풍이 지나간 후에도 덤불 속에는
스멀스멀 온갖 말들로 가득하다.
남은 말들이 섞이며 부풀어 오른 말들은
넘쳐 다시 바다로 흘러들어 간다.
온갖 말들이 뒤엉켜 촘촘한 그물을 만든다.
말이 말을 퍼올린다.
온갖 세상의 것들이 올라온다. 온갖 것들을 퍼올린다.
바닥이 훤히 들어나도록 부지런히 그물질을 하며 퍼올린다.
퍼올린다.

고요한 대화

대화를 나누다가 잠시 멈춘, 적막의 끝을 파고드는 말머리를 생각한다. 여물지 않은 말을 뱉어놓고는 잃어버린 뒷말을 찾느라 분주하다. 왁자지껄한 웃음 뒤에 부드럽게 미끄러지는 순간 재빨리 다른 우스개꺼리를 생각한다. 어려운 이름이 나올 때마다 내가 그에 대해 무엇을 아는가를 생각한다. 고금의 명구가 나올 때마다 어디에 쓰는 명구인가를 생각한다. 도무지 믿을 수 없는 일이 일어나 머릿속이 하얘지면 무엇으로 다시 머릿속을 채울 것인가를 생각한다.

고요한 대화가 필요하다.

거미, 허공을 밟다

창밖으로 외줄을 타고 내려온다.
바람에 몸을 싣고 여덟 개의 다리로 허공을 걷고 있다.
이리저리 실을 날리고 몸을 날린다.
꽁무니 돌기에서 실타래가 풀어진다.
촘촘히 원형을 그리며 설계되어진 그물망이 완성되어 간다.
밤새 이슬이 내려 거미줄에 매달린다.
기다린다.
나방 한 마리가 거미줄에 걸려 퍼덕인다.
꽁무니에서 실을 뽑아 친친 얽어 놓는다.

왜, 거미는 거미줄에 걸리지 않을까.

산과 눕다

후드득, 비 내리는 여름날이다.
서까래 밑으로 끌고 다니던 온갖 짐들을 짊어진다.
굽어진 어깨가 근육통을 일으킨다.
버려두었던 짐도 버릴 것이 없다.
손끝 뼈마디에도 매어단다.
발끝 뼈마디에도 묶어 놓는다.

덜렁덜렁 날아갈 듯 매달려 있는 모자,
머리 위에 얹고 흐르는 땀을 훔친다.
활처럼 휘어진 어깨의 무게는 두 다리를 흙 속에 묻는다.
버릴 것을 찾는다. 가져갈 것도 없다.
풀어헤쳐진 짐들이 비에 젖는다.

가벼워진 몸이 산을 넘으며 휘파람을 날린다.
짐 떨궈 놓고 넘는 산의 능선이 휘파람으로 흔들거린다.

산이다.

그,

가파른 계단을 지키는 가로등은 그를 집으로 끌어가는 아내다. 그의 등에 매달려 떨어지지 않는 아내가 시린 등을 감싼다. 그의 허리는 통증으로 굽어있고 뼈와 뼈 사이 찬바람이 샌다. 계단을 오르는 그의 다리가 터벅거린다. 딸아이의 웃음소리가 귀속으로 파고든다. 아내의 달콤한 숨소리가 심장 속으로 파고든다.

현관문을 열고 어두운 집안으로 들어서는 그를 반갑게 맞이하는 것은, 딱딱하게 굳은 밥풀을 핥고 있는 강아지와 아침에 먹고 남은 밥상 위에 덩그러니 놓여있는 숟가락과 뚜껑 열린 반찬통의 마른 김치 조각과 굳어버린 간장 종지다. 가스렌지에 주전자 올려놓고 곤히 잠든 아내 깰까봐 살며시 내려놓는다. 밥통 속에 주먹만큼 남아있는 밥에 뜨거운 물 부어 한 수저 입에 털어넣는다. 세상에 없는 그의 아내가 등에서 내려온다.

바람
—박경리문학공원

먼지 내려앉은 집안에 고요가 수북하고 살금살금 걸어 다니는 들고양이의 발걸음에서 바람이 인다. 방마다 고요가 훅 일어서면 창문 밖에서 서성이던 노을도 슬며시 고개를 내려놓는다. 마당에 앉아 우두커니 대문을 지켜보는 그녀, 푸석해선 낙엽이 다가왔다가 사라진다.

안경 너머로 보이는 대문 밖은 겨울바다다.
그녀의 얌전한 치맛자락이 가끔 펄럭인다.

그녀의 머리 위에 눈이 내린다.
그녀의 안경 위에도 눈이 내린다.
그녀는 치마폭으로 눈을 받고 있다.

봄, 꽃다발

놀러 오시라 가지 흔들어 꽃잎을 날린다.
산들바람에도 꽃잎은 부드럽게 유영한다.
분홍으로 물든 속곳이 살랑살랑 바람을 유혹한다.

겨우내 숨죽였던 뜨거움을 바람으로 식힌다.
쏟아지는 숨소리들이 내려앉아 꽃길을 만든다.
소복하게 내려앉은 봄의 정령들이 꽃다발이 된다.

가면

눈을 뜨자마자 가면을 찾는다. 미처 기름기가 마르지 않은 어제의 가면이다. 거울 앞에 선다. 머리에는 깊이 박힌 뿔이 늘어져 있다. 눈은 푹 꺼져있고 입꼬리는 내려 앉아 있다. 뒤집어쓴다. 뿔을 추켜세우고 꺼져있는 눈동자를 끌어내고 입꼬리를 치켜올린다. 거울 속의 코가 풍선을 분다. 웃음을 참지 못하는 얼굴을 보니 시작이 괜찮다. 시끌시끌한 티비 속 어떤 부부도 새로 산 가면을 쓰고 앞뒤가 없는 말을 하는 중이다. 집을 나선다. 밤새 쏟아진 배설물에 차바퀴가 길을 낸다. 괜찮다. 다른 가면을 쓴 얼굴들이 미소를 잃지 않는 모습들이어 괜찮다. 좋은 날입니다. 미소를 멈추지 않는 가면에 땀이 차기 시작한다. 웃고 있는 입 속으로 찬바람이 밀려들어온다. 허파에 바람이 들어간다. 갈갈갈, 웃음소리가 쉰다.

나무의 등

바람이 지나간 자리에 나무가 떨고 서 있다.
바람은 창문을 밤새 두들기다가 돌아간다.
허리 꺾인 가지가 바르르 떤다.

불거져 나온 뿌리끝이 다시 땅속으로 파고든다.
물기를 오지게 품어 끌어 올린다.
타고 오른 물줄기가 굽은 허리에 길을 낸다.
바람이 지나간 자리는 고개를 숙이지 않아도 보인다.
누워야 볼 수 있는 하늘은 깊은 바다이다.

나무는 일어선다.
굽은 등을 편다.
바람을 품는다.

벽

벽을 열고 들어간 하늘에는 뜨거운 태양이 퍼붓고,
가끔 태양을 가리는 구름 그리고 바람소리,
벽을 열고 들어간 바다에는 흔들거리는,
바다와 떠있는 섬, 정박하고 있는 여객선이 고요하다.

그녀는 매일 벽을 열고 있다.

벽 속에 펑퍼짐한 중년의 그녀가 웃고 있다.
세월의 주름들이 꽃이 된 그녀와
탈을 쓴 그녀의 얼굴은 바다와 하늘이 맞닿아 있다.
늘 푸석한 얼굴에 툭 튀어나오는 눈, 굵어진 팔 근육,
그녀를 지탱하고 있는 다리의 푸른빛 혈관들이
툭툭 터져 혈관들의 길을 보여주고 있다.

그녀의 얼굴은 붉은 태양이다.
그녀의 얼굴은 푸른 바다이다.
그녀는 오르고 있는 중이다.

한 다리,

아이가 늘 핸드폰을 들여다보고 있다.
시장 간다는 엄마가 핸드폰 안으로 숨었다.
아이가 핸드폰 속에서 아버지를 찾는다.

아버지는 하루 종일 꼬박 일을 해야 살아갈 수 있다.
휴일도 없다.
비 오는 날 가끔 볼 수 있고 비 오는 날만 놀아 줄 수 있다.
비 오는 날이어야 함께 밥을 먹을 수 있다.

아이는 나가서 놀지 않는다.
하루 종일 핸드폰을 만지작거린다.
아버지는 집으로 돌아오지 않는다.
아이는 자주 대문 밖을 서성인다.

오늘도 오지 않는 아버지를 기다린다.
핸드폰 속에서 아버지를 찾는다.

에에라

에에라디여,

곱게 빗은 쪽진머리 저고리 치마가 둥둥 뜨네.

에에라디여,

시집가던 날 친정부모 눈에 눈물꽃 맺혔네.

에에라디여,

흘러내리는 눈물 콧물이 얼굴에 범벅이 되었네.

에에라디여,

시할머니 시어머니 시누이 시동생 시금치 시기도 하네.

에에라디여,

막내 시누이 시집 보냈더니 내가 가는 것이 나을 뻔했네.

에에라디여,

바리바리 나르는 보따리에 허리 통증 도지네.

에에라디여,

아이고 어깨야 허리야 하루종일 움직여도 그날이 그날이네.

에에라디여,

시굳등 코에 코풍선 부는 남편 머리 잡아채고 싶네.

쑥덕쑥덕

동트는 아침 쑥덕쑥덕 요란한 소리가 들린다.
봄이 되어 몸을 푼 기지개가 땅속을 들끓게 했고
땅은 보슬보슬한 몸이 되어 통로를 열어 준다.
검불 속에서 올라오는 쑥들은 대지를 뚫고 쑥쑥 올라온다.
대대손손 잡초 중에 잡초 쑥쑥이도 장소를 가리지 않는다.

쑥 삶아 된장 풀어 쑥국 끓이고,
떡 반죽에 쑥을 넣어 쑥떡 만들고,
쑥을 갈아 쑥즙 내어 먹고,

쑥덕쑥덕, 요란한 봄날이다.
쑥덕쑥덕, 귀 기울이는 봄날이다.

가을 낙조

출근인사하며 문 닫히는 소리에 심장이 툭, 떨어진다.
버스노선을 확인하는 그가 오늘의 행선지를 결정한다.
하루 이틀 지워지는 날들에 속이 까맣게 탄다.
월급은 일단 카드로 메꿨다 가을바람이 건들거린다.

신문지에 널린 세상이 그의 얼굴을 덮는다.
미주알고주알 빼곡한 글이 툭툭, 떨어진다.
사이렌 소리가 간신히 잠든 그를 다시 깨운다.
음성 메시지의 다급한 목소리가 바람이 된다.

친구의 문자가 핸드폰 안에 가득 쌓여있다.
친구가 쥐어준 5만원이 밤새 사라졌다.
그저 오늘만 사는 거야, 내일도 오늘인 거지.
얼굴이 퉁퉁 부은 아내가 출렁거리는 비로 다가온다.

불쾌한 사추기思秋期

더위에 헐떡이며 내려놓은 혀가 있다.
코끝을 자극하는 냄새로 배가 아파온다.
치맛자락을 펄럭거리며 태양을 삼키고 있다.

꼬리만 흔들었다 마음속이 흥건하다.
시도 때도 없이 두근거리는 가슴을 멈출 수 없다.
발바닥에 화를 심는다 고약한 냄새로 화답한다.

붉은 얼굴에서 축축한 냄새가 난다.
불덩이 껴안은 겨드랑이 화끈거린다.
어깨를 감싸고 있는 깁스가 목을 조인다.

불쾌하다.

| 제1부 |

낮술

형제들의 삼국지

시계바늘이 부지런히 돌고 있다.
달각달각 분침이 내려앉았다가 다시 올라선다.
초침은 뱅글뱅글 바쁜 걸음으로 원을 그린다.
노모는 풀 매긴 광목 이부자리에 누워 있다.

삼형제가 골프장에서 만나 단판승부를 시작한다. 홀인원을 기대하고 이글을 기대하고 파이길 기도한다. 게임의 패자는 어머니를 얻을 것이고, 승자는 어머니를 잃게 될 것이다. 첫째는 홀인원으로 끝내려 하고, 둘째는 이글이어도 괜찮다. 셋째는 더블보기를 걱정한다. 첫째는 아내의 얼굴이 떠오르자 다리가 풀린다. 둘째는 사업 걱정에 골프채가 천근만근이다. 셋째는 지난밤 술로 인해 공이 두서너 개로 겹쳐 보인다. 벙커로 떨어진 골프공이 모래 바람을 일으키다가 그린으로 올라온다. 대구르르, 홀컵을 향한다.

그의 공간

그의 동공은 침상 위 천정 모서리에 맞춰져 있다.
자유롭지 못한 몸은 침대와 하나가 되어 있다.

시간을 차곡차곡 접고 있는 그는 접혀지는 공간에
그림을 그리고 있다. 초록 물감으로 들판을 그린다.
노란 물감으로 엄마 치마 뒤에 숨어 있던 아이 바지를 그린다.
분홍색 물감으로 새색시 저고리를 그리고,
들판에 작은 집 지어 들락날락하는 아이들의
웃음소리도 알록달록한 색으로 그렸다.
아내와의 토닥거림을 하늘의 뭉게구름으로 그리다 보면
시간은 하얀색으로 변한다.

등줄기에는 온기가 사라지고 간병인의 손길이 아쉽지만
그는 말하지 않는다.
누워 있어야 하는 두려움으로 다가오는 시간
어린아이가 되고 싶다.
어머니도 만나고 싶고 아버지도 만나고 싶고

먼저 간 아내도 만나고 싶다.

누구든 보고 싶다.

아버지의 장롱

아버지가 안방을 굳게 지켜온 장롱문을 엽니다. 칠십 년 넘게 입었던 옷들을 뒤적거려 꺼냅니다. 묵혀둔 손끝 탈탈한 양복들도 꺼냅니다. 두 줄 낸다 타박 들으며 어머니가 잘 다리곤 했던 바지들입니다. 소매가 헤어져 한 번만 더 입는다던 와이셔츠도 꺼냅니다. 목이 늘어난 티셔츠들도 덩달아 따라나옵니다. 손녀딸이 선물한 빛이 바랜 넥타이도 끌려나옵니다. 아직 입을 만한 것이고만, 은근하게 말리는 어머니의 말을 못 들은 척합니다. 주섬주섬 속주머니 뒤집으며 혹시라도 묻어있을 세월의 먼지를 털어냅니다. 평생 털어내고도 아직 남은 먼지들입니다. 마지막 남은 당신의 먼지 한 점 사라지기 전에 당신의 손으로 당신의 먼지가 담긴 장롱을 비워 갑니다.

가족사진

어머니는 우리도 가족사진 하나 있었으면 좋겠다고 했다.
어머니의 말은 귀 속으로 들어가 귀 밖으로 흘러나갔다.
어머니가 누워계실 때에야 가족사진이 없다는 것을 알았다.
사진을 찍을 수가 없다.

사진 한 편이 사라졌다.
같이 찍을 가족이 사라졌다.

여느집에서 볼 수 있을 법한 가족사진이 없다.
아버지 어머니 동생 모여 앉아 가족의 이름으로
거실 벽 하나를 차지할 가족사진이 없다.
가족사진에 함께 해야 하는 사람이 없다.

우리 가족은 가족사진을 찍을 수가 없다.

그녀의 달

그녀는 밤마다 달을 딴다.
딴 달을 가마솥 뚜껑 위에 올려놓는다.
우물 속에도 깊숙이 넣어 놓는다.

그녀는 낮에도 달을 딴다.
불 꺼진 방에 옮겨 놓기도 하고
고향을 향해 널어놓기도 한다.
바닷가에 떠있는 뱃머리 위에 걸어 놓기도 한다.

어머이, 글쎄 고향에서 본 달이 여기에도 있더이다.
달이 꼭 닮아 있더이다.

그녀의 섬에 달이 뜬다.
고향의 달이 그녀의 섬에도 뜬다.

새벽

어릴 적 할아버지 댁에 가면 할머니 할아버지 두런두런 소리에 아침잠을 깨곤 했습니다.

시집 온 후 아버님 댁에 가면 어머니 아버지 두런두런 소리에 아침잠을 깨곤 했습니다.

이 새벽 나는 이불 뒤집어쓰고 컴퓨터와 두런두런 대화를 시도해 봅니다.

다리가 너무 아프다

—어머니 가신 날

문 씨 아주머이 떠납니다요.
장독대에서 하늘에게 문을 열어 달라 했다.

쿡쿡 쑤신다던 갈비뼈, 시큰시큰하다던 무릎,
가끔 힘들어하던 기침소리도 사라졌다.
녹두죽 한 수저 눈물 반찬으로 한 입 넣어 드렸다.
한 수저에 하루 두 수저에 이틀 세 수저에 사흘이라는 엄니 말을 믿었다.
다시 바라보면 엄니는 아무 말도 하지 않았다.

에미야 집에 오너라.
구수한 된장찌개 냄새가 대문 밖으로 새어 나온다.
조물조물 버무려진 나물에서 엄니 냄새가 난다.

얼마나 추웠냐 힘들지 내 딸.
논두렁에 뉘어 놓고 뱀 지나갈까 봐 얼마나 조바심 나던지,

대문에 묶어 놓고 밭에 나갔다 해가 고개로 넘어갈 때
집으로 돌아오면 이집 저 집 기웃거리던 내 딸,
나이 어려 낳아 예뻐하지도 못 한 내 딸,
딸아, 잘 살거라.

문 씨 아줌니 떠났습니다.

해에게로 가는, 그녀

실눈 뜬 눈꺼풀은 태양을 가리는 안개이다.
가끔씩 눈부신 빛이 가물가물해지는 얼굴 뒤로
벽에 매달린 시계바늘 그림자를 쫓는다.

꿀꺽 넘어가는 물 한 모금이 하늘로 길을 내고,
한 순갈 바람이 하늘길 따라 구름을 잡는다.
구름이 얼굴들 사이로 사라진다.

얼굴들 툭툭 떨어지다가 꽃이 되어 사라진다.
동공 속에는 시계바늘 그림자마저 사라지고,
시계는 그림자 위를 그저 뱅글뱅글 돈다.

창백한 얼굴이 연지곤지 찍으며 돈다.
하늘은 더 붉게 물들고 뜨거워지더니
손끝으로 가볍게 인사하며 떠난다.

그녀의 가슴에 해가 뜬다.

장독대

옹기들이 숨을 쉬는 그녀의 장독대
봄이면 시금치 씨앗 뿌려 시금치나물 해먹고,
그 자리에 고춧대 심어 고춧잎나물 무쳐먹고,
고춧대에 고추가 매달려 다시 붉어질 때면
벌레가 숭숭 파먹은 가을배추는 속이 차오른다.

내년에도 담글 수 있을까 올해만 담가야지,
봄볕에 정성들여 담근 고추장은 주인의 손을 잃은 지 오래,
묵은 간장독을 실로 꿰맨 바가지가 감싸고 있다.

고추장 퍼서 돌리고, 간장 퍼서 돌리고,
된장 퍼서 돌리고, 소금 퍼서 돌리고,
그녀가 오르내리던 장독대에 꽃이 피었다.

바람 부는 날

태양 빛이 바람을 만들고 낮달에 구름이 걸린다.
듬성한 머리칼이 바람을 맞아 이리저리 가르마를 타고,
바람이 콧속으로 들어가 허파에 바람이 찰 때 쯤,
다리는 터덜터덜 발끝으로 그림자를 붙인다.
주머니 속에 먼지가 한 움큼 밖으로 나와 먼지바람이 된다.
바라보는 태양빛에 눈이 시리다.
입을 열고 바람에 말을 전한다.
잘 계시지요.
거기는 편안하세요.
염라대왕 잘 계시지요.
너무 일찍 왔다고 하지요.
입 밖으로 나오는 말은 허공에 매달리,고
입안에서 맴도는 말은 꾸르륵 안으로 삼켜진다.
편안하시대.
잘 계시대.
바람이 속삭인다.

고마워라.

바람은 구름 뒤에 숨어 비를 만들고 있다.

날개

뼈마디 굽어진 손으로 삶은 콩 주물러
메주덩어리 된장이 되던 날 그녀는 바람이 되었다.

보글보글 가스불 위에서 끓고 있는 된장찌개
냄새가 연기가 되어 바람이 된 그녀를 맞이한다.
세상에서 피어나는 연기들이
그녀와 함께 하얀 드레스를 입고 춤을 추고 있다.

날개가 있기만 하다면 그녀는 늘 날고 싶어 했다.
그러던 그녀에게 날개가 돋아났다.
힘이 있다면 걷고 싶다 했다.
그러던 그녀에게 마법의 빗자루가 생겼다.
그녀는 갑옷을 벗고 싶다 했다.
그러던 그녀에게 요술망치가 나타났다.

그녀는 날개를 펴고 마법의 빗자루에 앉아

갑옷을 훌훌 벗은 바람으로 다가와
눈 속으로 들어온다.

그녀의 이불홑청

잠깐 잠든 사이에 하늘에서 외출증 받은 그녀가 왔다.

그녀는 따듯한 햇살과 함께 들어와 여름내 축축했던 이불홑청을 깨끗이 빨아 빨랫줄에 널어놓는다. 햇살 가신 이불홑청에 풀을 매기고, 밀고 당기기를 여러 번 곱게 접어 다듬이에 올려놓고 다듬잇방망이로 장단을 맞춘다. 툭탁툭탁 다듬이소리는 구성지게 울리고, 가슴속의 응어리를 풀어져 노래가 되고, 이불 홑청은 희고 빳빳해졌다. 그녀의 마당에는 햇살과 이불 홑청이 바람에 날리고 뜨거웠던 여름날도 날아가고 있다.

그녀가 떠나간 마당의 하늘에 구름과 도화지를 걸었다.
그녀는 나비가 되어 날아갔다.

그 날

애미야 오늘 집에 오냐.
네, 가요.

전화가 잠을 깨운다.
반찬은 뭐 있겠냐만 집에 와서 밥 먹어라.
뭐 해줄까.

일요일 아침 꽃을 산다.
납골당 안으로 들어서니
어서 오니라 마중 나오신다.

옥탑의 뜰

비 개인 오후에 불어오는 바람은 채반 위에 널려진 생선의 비릿한 냄새를 파리에게 전하고, 옥탑에 비친 햇볕에서는 향긋한 분내가 난다. 옥탑 뜰에는 쓸다 만 빗자루가 머물러 있고 옹기종이 모여 있는 화분에 물을 주던 고무호수는 길게 늘어져 있다. 바구니에 담긴 나물들도 바삭하게 말라가고 주인 손이 닿지 않는 화분에도 작년에 피었던 꽃이 빼꼼하게 얼굴을 내 보이고 있다.

탁자에 상을 곱게 차린다. 바구니에 말린 나물 볶고, 채반에 널어놓은 생선 굽고, 양은 냄비에 끓인 라면, 부서진 화분에 꼿꼿한 상추 한 잎, 정신없이 자란 부추 푸짐한 밥상이다.

어머니가 남겨놓은 밥상이다.

영원한 내 편

엄마 잘 지내.

어깨 아픈 건 무릎 아픈 건 참을만 해.

엄마 글쎄 매실도 담가봤다. 그리고 겉절이도 해봤어.

총각김치도 담가 봤고,

엄마 있을 때 왜 안했을까.

딸아이가 할머니가 조기 구워 살점 떼어 줄 때 먹을 걸 그랬다나.

그때 왜 안 먹었을까, 자꾸 물어 보네.

뭐라고 말할까.

엄마, 근데 지금 어디에 있나.

난 맨날 그게 궁금해.

엄마 있잖아.

어제는 꿈에 엄마가 왔다.

평상시랑 똑같아.

근데 늘 해주던 말이 들리지 않아.

엄마, 어디에 있나.

난 맨날 그게 궁금해.

낮술

그녀의 꼭두새벽은 분주하다.
연탄아궁이 위에 놓인 밥솥에는 이른 아침부터
빼끔빼끔 김이 올라 뜸이 들고,
석유곤로에서는 보글보글 김치찌개가 끓는다.
그가 한 술 뜨고 일어서면 그녀는 따듯한 밥으로
점심 도시락을 싸서 한 손에 들려주었다.
그러던 그녀는 구름이 되었다.

점심때면 김밥 한 줄 꾸역꾸역 집어넣고
공원 벤치에 우두커니 앉아 물끄러미 바라보던 하늘,
높게 흘러가는 구름에게
나 좀 데려가구려 미안하네.

모두가 그대로인 봄날이 미워라 미워라.
지그재그 발걸음에 모래주머니 달렸다.

〉

그는 공원 벤치에 앉아있다.

그녀가 올 때까지.

허니문

달콤한 꿀이 얼굴에 뚝뚝 떨어져 흐른다.
세상은 와글와글해도 꽃향기가 천리를 간다.
닳아빠진 구두굽에 꽃길이 길게 늘어진다.

일몰

부끄러운 태양이 신호등에 걸려 멈추었다.
빠알간 얼굴을 하고 신호등 뒤로 숨는다.
잠시 기다리라 손짓하자 함박웃음 짓는다.

해설|

숙명宿命을 직조織造하는 이유와 방법

—박하리의 '말/말'에 관한 시론試論

백인덕 | 시인

1.

어쩔 수 없는 것은 '세계'가 아니라 '자기自己'이다. 말을 좀 바꾸면, 세계는 원래 그렇게 생겨 먹었거나 '나(자기)'의 의지와 상관없이 주야장창 유구悠久하게 흘러간다. 현상적으로는 세계가 '갑'이고 자기가 '을'이다. 무슨 대단한 '론論'을 피력하자는 것이 아니다. 다만, 존재는 불가피하게 불연속적이어서 자기의 현전現前에서 늘 자기 보존保存을 최우선적으로 지향한다는 것을 지적하고 싶었을 뿐이다. 따라서 시작詩作이라는 행위도 결국은 '존재의 염려'에서 비롯한다고 이해

할 수 있는데, 박하리 시인은 이번 시집 『말이 퍼올리는 말』 한 권에 저간의 사정을 다 포함하는 상세하고 내밀한 정신의 지도를 그려내 보여주고 있다.

시적 대상으로 등장하는 '서검도'나 '아나퍼병원'은 현실의 공간이면서 개인무의식에 결정結晶된 콤플렉스의 표면이다. 마찬가지로 '쑥덕쑥덕'이나 '낮술'은 일상의 습관화된 행위이면서 동시에 '원형archetype'이 의식의 표면위로 돌출되는 지점이다. 굳이 비유하자면 이번 시집은 하나의 초상肖像을 완성하기 위해 같은 캔버스 위에 여러 번 반복한 스케치라 볼 수 있다. 그렇다면 음영이나 농도만 다른 이 반복 작업이 최종적으로 목표하는 것은 무엇일까, 그것은 생의 한 지점에서 그때의 가장 정밀한 '성격personality'을 집어내는 것이다. 이는 다른 말로 '개성화individuation'의 욕망이 이번 시집의 근본적인 추동력이라는 것을 의미한다.

> 얼음이 잠자는 섬을 먼 바다로 끌고 간다. 바다는 사납게 울고 얼음덩어리들은 춤을 추어도 섬은 잠에서 깨어나지 않는다. 겨울을 지키려는 바람이 아직도 바다를 휩쓴다. 발길 돌리는 논둑길에 천 년의 눈꽃이 피어있다.
>
> —「서검도」 부분

섬의 이미저리imagery, '북방한계선'이라는 부제가 붙은 인용 시와 같은 제목의 「서검도」를 포함하는 작품들은 박하리 시인의 전기적 사실을 유추하기에 딱 적당한 정도의 정보를 제공한다.(「소래시장」, 「월미도 갈매기」 등은 정보의 외연外延을 보증한다.) 주지의 사실이지만 우리가 일상에서 행하는 말하기는 크게 두 가지 정도의 기능을 갖는다. 하나는 '정보 전달'이고, 다른 하나는 '정서 환기'다. 정보를 전달하기 위해서는 정확한 사실과 억측을 예방할 수 있는 논리적인 설명의 형식을 가져야 한다. 하지만 정서 환기는 독자(청자)가 개입할 수 있는 공간, 일종의 '빈 틈'을 강제적으로 설정함으로써 더 큰 공감을 이끌어낼 수 있다. 이번 시집의 독자 중 그 누구도 '서검도'가 강화도 서쪽에 위치했고, 북방한계선과 마주하고 있으며, 중국에서 한강 하류로 오르기 전에 검문을 시행했던 곳이라는 지명의 유래가 있다는 정보를 단번에 파악할 수는 없었을 것이다. 하지만 '눈꽃', '얼음', '겨울', '폐허' 등 작품에서 전개되는 일련의 어휘들의 '뉘앙스'(지시적 의미가 아닌)를 통해서 결국 '서검도'가 현실의 공간이면서 그것에 대한 정보로 환원할 수 없는 미지의 영역이란 것을 직감할 수 있었을 것이다. 요즘은 현실이 아니면 가상virtual을 떠올리는 것이 지나치게 일상화 되어 버렸지만 대상 텍스트가 시인 마당에 '미지'가 겨냥한 것이 정신의 영역이라는 것은 자명하다. 필자는 바로 이 지점, 그러니까 수록 작품들이 지시하는 정보나 행위 등의 내용과 그것이 감추고 있는 이면裏面의 의미가 어긋나는 '지점'이 박하리 시인의 개성적 면모가 결정되는 지점이라 판단한다. 따라서 이어가는 내용에서는 그 이유와 양상을 약간은 헐겁게(부러 빈틈을 생성하기 위해) 엮어 볼 생각이다.

2.

언어는 존재의 숙명이 아니지만, 시인에게 언어는 존재론적 숙명이다. 커뮤니케이션 하는 동물로서 인간에게 '말과 글'은 아직도 절대적으로 중요한 것처럼 보이지만, 사실 의사소통의 여러 수단으로서 그것의 중요성은 나날이 감소하고 있다. 하지만 이 감소와 반비례하여 '시인'으로 자기를 정위定位하고자 하는 존재에게는 보다 확고하고 예리한 인식이 요구되는 것 또한 사실이다.

박하리 시인은 무엇보다도 이런 상황에 대한 인식이 철저하다. 그가 맡고 있는 소임의 탓도 있겠지만, 직관과 감각의 차원에서 자신의 언어 능력을 끌어올리려는 부단한 노력의 결실이라고도 볼 수 있다. 시인에게 언어 능력이란 결국 시어의 차용과 조어造語 방식에서 드러나는데, 이는 다음과 같은 작품을 통해 확인할 수 있다.

1)

안아파병원입니당. 티켓팅은 아침에만 합니당. 티켓팅만 하면 아픔이 사라집니당.

—「아나파병원」 부분

2)

저는 몰라요 아무것도 몰라요 기억나지 않아요
나는요 나예요 나라니까요 모르시나 봐요
저는 공주예요
거울 앞에서 중얼거리는 그녀의 얼굴은 그녀가 아니다
맙소사

—「맙소사寺」 부분

1) 인용 시 「아나파병원」을 포함하여 「슈퍼맨」, 「불금」 등이 이 계열에 속하고, 범위를 좀 확장하면 「대박의 꿈」, 「통돼지 날다」 등이 직접적으로 관련된다. 대체로 조어 방식은 소리 나는 대로 쓴 것이거나 축약한 말, 동음이의어, 지시적 내용과 의미가 상충하는 경우 등 세분해서 보자면 범주화하기가 쉽지 않은 측면이 있다.

하지만 이들 작품은 공통적으로 위계僞計나 허풍 같은 '말'로 빚어내는 자기모순이라는 특징이 있다. "티켓팅만 하면 아픔이 사라"지는 병원은 이미 병의 진단이나 치료와 같은 자기의 존립 이유를 스스로 저버린 곳이고, '좋은일있Shoe', '금방땃슈', '바람난어미닭집', '저8계곳9멍'이 가득한 거리는 본질에 대한 배려는 실종되고, 오직 시선 끌기에 급급한 공간일 뿐이다. 이러한 세태가 무서운 것은 개인이 실존에 대한 자각에 이끌리기도 전에 이 '위계와 허풍'을 자연스런 사태로 내면화하게 한다는 점에 있다. 그래서 '재래식 변소가 뒤집'힌 날 "복권발매기 앞에 기다란 줄이 꽃뱀 흉내를" 내는 풍경을 연출한다. 이는 더 큰 범위로 확장되어 '양심'이라는 이름을 내걸었던 지자체의 공동사업이 모두 실패로 돌아가게 하는 원인이 된다. 단지 시선을 끌기 위해 '말' 하나 비트는 것으로 시작했지만, 사회 전체가 아니 그 구성원 전부가 자기모순에 허덕이는 결과를 낳고 마는 것이다.

그래도 시인은 그 와중에 하나의 가능성을 남겨 두는데, "혀가 바짝바짝 말라갑니다. 자동이요, 자동이요, 자동이요, 복권발매기도 자동이고, 재래식 변소도 자동입니다. 이리 뛰고 저리 뛰는 나도 자동입니다."라는 부분에서 드러나듯 자동화된 자기 자신을 인식하고 있다는 것이다. 모든 성찰과

변혁은 결국 현상에 대한 이해에서 비롯한다. 구조적 원인에 대한 비판 유무를 따지기 전에 시는 단지 보여줌을 통해서 실천의 구체적 양상을 개시開始할 수 있음을 다시 한 번 생각게 한다.

2) 계열의 작품은 직접적으로는 「우여곡절迂餘曲寺」을 생각해 볼 수 있다. 「맙소사寺」와 마찬가지로 '절, 사' 등을 이용해 시인 스스로 새로운 시어를 만든 것인데, 두 작품은 세태의 풍경이 아니라 기원이나 바람이 단지 '말'만으로 거부되거나 좌절하는 형태를 취하고 있다. 인용 시에서 '저는 몰라요'와 '나는요 나예요'는 완전히 상반되면서 겹쳐진다. 왜냐하면 '거울'앞에서 하는 말이기 때문이다. 거울은 단순히 상을 역逆으로 비추기만 하는 것이 아니라 둘 중 하나가 원본이라면 다른 하나는 사본寫本, 그러므로 어쩔 수 없이 '허상虛像'이라는 인식을 강요한다. 최소한 의식의 차원에서는 그렇다는 것이다. 이러한 인식이 확장해서 "그와 그가 아닌 그는 매일 싸우기도 하고 협상하기도 한다./그가 아닌 그는 그의 수호신이고, 도깨비이고, 유령이다./그가 아닌 그는 없기도 하고 같은 옷 다른 얼굴이기도"(「그가 아닌 그」)한 모습이 드러난다. 일종의 '탈, 가면'이 불가피한 존재의 단면이 적나라하게 그려진다. 이는 다시 「쉰 나이의 아침」의 "일을 하지 않고

살 수 있는 방법을 생각해본다. 먹지 않고 살 수 있는 방법을 생각해본다. 입지 않고 살 수 있는 방법을 생각해"보는 어처구니없는 상황을 거쳐 "눈을 뜨자마자 가면을 찾는"(「가면」) 생활로 이어진다. "괜찮다. 다른 가면을 쓴 얼굴들이 미소를 잃지 않는 모습들이어 괜찮다. 좋은 날입니다. 미소를 멈추지 않는 가면에 땀이 차기 시작한다. 웃고 있는 입 속으로 찬바람이 밀려들어온다. 허파에 바람이 들어간다."고 시인은 비록 가면의 부정적 측면에 주목하는 태도를 유지하고 있지만, 어쨌든 '말'을 통해 '가면'에 이르는 이 경로는 시적 개성을 공고히 하는데 있어 매우 유용한 계기가 될 것이다.

> 말을 가둔다.
> 문을 잠그고 이중 삼중의 잠금장치를 걸어둔다.
> 새어 나간다. 연기를 피우고 새어 나간다.
> 말은 공기와 함께 섞여 나뒹굴다가
> 바람을 일으키기도 하며 태풍을 만들기도 한다.
> 태풍은 비를 만들고 겨울 내내 푸석하게 쌓여있던 덤불,
> 그리고 내다 버리려했던 말들을 섞어 강으로 흘려보낸다.
> 태풍이 지나간 후에도 덤불 속에는
> 스멀스멀 온갖 말들로 가득하다.
> 남은 말들이 섞이며 부풀어 오른 말들은

넘쳐 다시 바다로 흘러들어 간다.
온갖 말들이 뒤엉켜 촘촘한 그물을 만든다.
말이 말을 퍼올린다.
온갖 세상의 것들이 올라온다. 온갖 것들을 퍼올린다.
바닥이 훤히 들어나도록 부지런히 그물질을 하며 퍼올린다.
퍼올린다.

—「말이 말을 퍼올린다」 전문

우리의 의식은 융에 따르면 '사고, 감정, 감각, 직관'이라는 네 가지 기능을 통해 수렴, 통합, 발전하면서 '성격personality'을 형성한다. 그래서 우리는 '말실수, 농담, 잠꼬대' 같은 것을 제외하고 모든 말은 의식의 차원에서 발화하게 되고, 심지어 거짓말까지도 위의 네 가지 기능 중 하나가 작용한다고 믿는다. 즉 '말'은 곧 '성격'의 반영이라는 것이 의사소통에 집중하는 우리 문명의 확고한 지침이다.

하지만 박하리 시인은 이 지침에 이의를 제기한다. 최소한 이번 시집의 한 특질로 이 항의를 배치한다. 그는 표제에서 알 수 있듯이 '말'이 '말'을 '퍼 올리는 상황'에 주목한다. 먼저 시인은 '삼중의 잠금장치'로 "말을 가둔다." 삼중의 잠금장치는 말을 가두는 행위가 거의 강박에 가까운 행위임을 상징적으로 드러낸다. 그러나 말은 '새어 나간다' 그것도 "연기를 피우고 새어 나간다" 연기를 피운다는 것은 말이 스스로를 연소하거나 산화하지 않으면 불가능하다. 즉 감금된 말은 자신의 형질을 바꿈으로써 "공기와 함께 섞여 나뒹"구는 자유를 획득한다. 그 결과 '바람'을 일으키고 '태풍'을 만들기도 한다. 바람의 파괴력이 극대화 된 것을 태풍이라고 한다면, 감금했던 말이 결국 파괴력을 극대화해 되돌아오게 된다. 일종의 '말의 순환'인데 이 순환은 한 차례로 끝나지 않고 태풍 때문에 오히려 '덤불 속'에 더 깊숙이 감춰졌던 말들까지 햇빛에 부풀어 "넘쳐 다시 바다로 흘러들어 간다." 여기서 우리는 다시 '바다'를 만난다.

여기서 잠깐 융의 무의식 이론을 간략하게 대입할 수 있다. 무의식을 개인적 차원에 국한해 이해하려고 했던 프로이트의 '빙산 모델'과 달리 융은 '섬 모델'을 제안했다. 인간은 태어나면서부터 마치 유전자처럼 원형적인 무의식의 바다를 선천적으로 물려받고, 그 바다에 각 개인이 하나의 섬처럼 떠 있다는 것이다. 물론 이 섬은 수면 위로 의식과 초의식이 드러나 있고, 수면 아래에는 개인무의식이 잠겨있는 형상이 된다.

앞의 인용 작품에서 시인이 '감금했던 말'은 아마도 개인무의식의 형태로 가라앉아야 정상적인 상황이 될 것이다. 하지만 이 말이 형질을 바꿔 의식의 차원으로 솟아오르는데, 이것은 '시'일수도 있지만, 오늘의 문화적 현상과 맞물려 이해하자면 온갖 '잡음'들일 수도 있다. 결국 지금은 오직 "말이 말을 퍼 올"리는 시대일 뿐이데, 게다가 "온갖 세상의 것들이 올라온다. 온갖 것들을 퍼올린다/.바닥이 훤히 들어나도록 부지런히 그물질을 하며 퍼올"리고 퍼 올릴 뿐이다. 융이 말한 '원형'이 집단무의식과 개인 콤플렉스를 상호소통 시켜 결국 인격적 성숙을 조성하는 정신 활동의 긍정적 측면을 강조하기 위한 개념이었다면 박하리 시인의 '촘촘한 말 그물'에 퍼 올려진 '온갖 세상의 것'인 '말'은 그런 기능을 다 상실한 퇴적물에 지나지 않는다는 점에서 일말의 비극성을 내포한다. 이것이 수록된 작품들의 어조가 밝고 일종의 익살기도 띠지만 읽으며 활짝 웃을 수 없는 진짜 이유일지도 모른다.

3.

시인은 시집의 장章 하나를 오롯이 '사모곡思母曲'에 할애하고 있다.(물론 시적 대상으로서 '아버지'가 등장하는 작품이 없는 것은 아니지만, '어머니'가 중심 소재인 경우가 대부분이다.) 아마도 무의식의 차원에서 '원형', '본질', '필수'와 같은 어휘들을 사용할 수 있다면 '모성에의 동경'이 가장 강력하게 떠오르게 될 것이다.

앞에서도 잠깐 언급했지만, 박하리 시인의 전기적 사실을 참고한다고 해서(그렇다고 굳이 무시해야 한다는 것도 아니다.) 이런 사실이 특별히 강화되거나 약화하지는 않는다. 다만 굳이 차이를 생각해 본다면 일반적이고 보편적인 사실과 특수한 개인 사건일 때의 직관, 감각, 감정, 사고가 반응하는 양상이 달라진다는 것뿐이다.

> 그녀가 살고 있는 우주의 시계가 멈추었다.
> 먼 길 떠나려 했던 그녀의 시계도 멈추었다.
> 그녀의 오늘은 오늘이고 내일도 오늘이고 모래도 오늘이다
> 이 생의 시간들을 가두고 있는 사람들이
> 멈춰진 시간 속을 걷는다. 그녀의 발끝에 날개가 돋는다.
>
> —「생生의 시간」 부분

제목에서 충분히 유추할 수 있듯이, 이 작품은 '생의 마지막 날'을 가정하는 것으로부터 출발한다. 그런데 이 '마지막'이라는 어휘의 무거움에도 불구하고 생은 생인지라, "그녀의 발끝에 날개가 돋는다."라고 쓸 수 있다. 왜냐하면 "주러주렁 매달린 인연의 수액을 맞고" 누워있을지라도 '오늘이라는 긴 시간'은 "만나야 할 사람, 만나고 싶은 사람/봐야 할 사람, 보고 싶은 사람"을 죄다 하다 못해 이름이라도 생각

해야 하기 때문이다. 즉 단 하루라도 생인 마당에는 "오늘이라는 긴 시간"이 되는 것이다. 따라서 '분주한 날갯짓'이 하나도 힘들어 보이지 않게 되는 것이다.

하지만 시간, 아니 삶은 그 발생과 더불어 죽음을 발명하듯 만남과 더불어 이별을 준비하도록 우리를 몰아세운다. 그때 우리는 이 직관적 사실을 인식하는 데서 한 걸음 더 나아가 우리의 감각을 최초의 언어들로 환원하려는 바람을 드러내게 되는데, 박하리 시인의 경우에는 그 대표적인 어휘가 '장독대'라 할 수 있다. 직접적으로 장독대는 "문 씨 아주머이 떠납니다요/장독대에서 하늘에게 문을 열어 달라 했다."(「다리가 너무 아프다-어머니 가신 날」)에 등장하는 것처럼 최후의 장소이기도 하지만, 실제로 "고추장 퍼서 돌리고 간장 퍼서 돌리고/된장 퍼서 돌리고 소금 퍼서 돌리"(「장독대」)던 주 활동 공간이기도 했고, 시인이 늘 편안함을 느끼는 '된장찌개 냄새'의 근원지이기 때문이다. 이 공간의 다른 이름은 '옥탑의 뜰'인데 이 공간은 '밥상', 즉 입맛이라는 감각의 대물림을 통해 이별 후에도 이어지는 끈끈한 가족애를 보여주고 있다.

얼마나 추웠냐 힘들지 내 딸
논두렁에 뉘어 놓고 뱀 지나갈까 봐 얼마나 조바심 나던지
대문에 묶어 놓고 밭에 나갔다 해가 고개로 넘어갈 때

집으로 돌아오면 이집 저 집 기웃거리던 내 딸
나이 어려 낳아 예뻐하지도 못 한 내 딸
딸아 잘 살거라

—「다리가 너무 아프다-어머니 가신 날」 부분

박하리 시인이 숙명적으로 시인으로 자신을 정위했다면, 그는 세상의 '말'에 대해, '딸아 잘 살거라' 육신의 음성으로 당부한 원형질의 '말'을 대비, 아니 첨예하게 곧추세우고 싶었기 때문일 것이다. 당연히 시인의 개성은 앞으로 전개될 시세계의 여러 사건과 사태를 통해 첨예화하고 또 깊어질 것이지만, 시인이 자신의 시작 태도를 스스로 허물지만 않는다면 '자기모순'에서 '자기변혁'을 충분히 이끌어낼 수 있는 근기根氣를 소유했다고 믿어 의심치 않는다.